AF509618

Il a été tiré de cet ouvrage

20 exemplaires

sur papier Japon Impérial

Numérotés de 1 à 20

Exemplaire N° 20

Contre la Céruse mortelle 

Le 26 février 1923, par la presse, par télégraphie et par téléphonie sans fil, la Ligue des Sociétés de la Croix-Rouge lançait au Monde Entier l'émouvant appel que voici :

La Ligue des Sociétés de la Croix-Rouge adresse au Monde Entier un appel pressant, pour attirer son attention sur la nécessité de réaliser, dans le plus bref délai, l'adoption universelle des résolutions prises par la IIIᵉ Conférence Internationale du Travail (Genève 1921), afin de protéger les ouvriers peintres des graves dangers que présente l'emploi de la céruse

Le but essentiel de la Ligue des Sociétés de la Croix-Rouge est d'adoucir les souffrances de l'humanité, quelles qu'elles soient, et de lutter contre les fléaux qui la menacent, les maladies et la misère, or, les victimes de la céruse sont des victimes du travail qui doit faire vivre, et non mourir.

Pour souligner cet appel, la Ligue des Sociétés de la Croix-Rouge, qui réunit les Sociétés nationales de quarante-trois pays, a organisé une Manifestation qui aura lieu samedi prochain, à 20 h. 30, dans le Grand Amphithéâtre de la Sorbonne, à Paris.

La Manifestation du 3 Mars 1923

A la date et à l'heure fixées, la Manifestation eut lieu. Les discours prononcés étaient transmis par le poste militaire de téléphonie sans fil de la Tour Eiffel.

Placée sous la présidence d'honneur de MM. Léon Bourgeois, délégué de la France à la Société des Nations; Gaston Doumergue, Président du Sénat et Raoul Péret, Président de la Chambre, cette Manifestation était présidée par M. Albert Peyronnet, Ministre du Travail, entouré de Sir Claude Hill, Directeur général et René Sand, Secrétaire général de la Ligue des Sociétés de la Croix-Rouge; des représentants de M. le Président de la République française, de M. le Ministre des Affaires étrangères, Président du Conseil des Ministres et de Membres du Cabinet; de M. Paul Painlevé, ancien Président du Conseil des Ministres; de parlementaires; de MM. le Préfet de Police; de M. Aubanel, Secrétaire général de la Préfecture de la Seine, représentant le Préfet; des Membres du corps diplomatique; de M. Arthur Fontaine, Président du Conseil d'administration du Bureau International du Travail; de M. Ch. Picquenard, Directeur du Travail; de MM. Paul Appel, Recteur de l'Université de Paris; S. E. Mgr. Baudrillart, Recteur de l'Institut catholique; le Professeur Roger, Doyen de la Faculté de Médecine; Georges Risler, Président du Musée Social; Albert Thomas Justin Godart, Boulin, délégué du Gouvernement français à la IIIᵉ Conférence du Travail; M. Valadier, directeur des retraites ouvrières; Mme Avril de Sainte-Croix; Brugniot et Laurent, directeur de la Maison Leclaire; des délégués des Sociétés de la Croix-Rouge de langue française; Kohn-Abrest, Directeur du Laboratoire de Toxicologie; Delaunay, chef du bureau de l'Hygiène et de la Sécurité des Travailleurs; Thévenon, inspecteur général de la Seine; Auguste Keufer, ancien Président et membre du Conseil Supérieur du Travail; le Président du Conseil Municipal de Paris; le Gouverneur militaire de Paris; Gustave Meunié, représentant les municipalités parisiennes; M. le pasteur Boury, Président du Consistoire de l'Eglise Evangélique Luthérienne; M. le Grand Rabbin Lévy, Président du Consistoire Israélite de France; M. Mignac, délégué de la Grande Loge de France; MM. Touzaa, Directeur, et Labourgade, Sous-Directeur de l'Office du Placement de la Seine; Frois, membre du Conseil Supérieur d'Hygiène publique de France; M. Cantineau; MM. Gryson, Secrétaire général, Rongy, Sénateur belge, Flament et Coessens, délégués de la Centrale des Travailleurs du Bâtiment de Belgique; les Inspectrices et Inspecteurs du Travail; les délégations patronales et ouvrières; les maires de plusieurs grandes villes de France; de conseillers généraux et municipaux; de délégués des Chambres de commerce; de groupements d'associations diverses, etc., etc.

La Manifestation du 3 mars 1923. — Le Bureau.

De gauche à droite. — M. le docteur René Sand; M. Arthur Fontaine; M. Le Grand Rabbin Lévy; M. le professeur Roger
M. J.-L. Breton; Le commandant Mollard, représentant M. le Président de la République; M. Paul Painlevé; M. Albert Peyronnet.
Ministre du Travail, Président; Sir Claude Hill ; M. Paul Appell; M. Georges Risler; M. Albert Thomas; M. Justin Godart.
M. le professeur Balthazard; M. le docteur Brouardel; M. le pasteur Boury; M. Mignac délégué de la grande Loge de France;
Le représentant de M. le Président du Conseil des Ministres: M. Ch. Picquenard, Directeur du Travail.

La séance est ouverte à 20 h. 40.

M. Albert PEYRONNET, Ministre du Travail Président.

Mesdames,

Messieurs,

J'ai l'agréable devoir d'adresser, au nom du Gouvernement, mes félicitations les plus vives à la Ligue des Sociétés de la Croix-Rouge qui a pris cette initiative heureuse de nous réunir ce soir dans ce grand Amphithéâtre de la Sorbonne, témoin des plus hautes manifestations de la pensée et de l'énergie françaises.

La guerre, hélas! est encore trop proche de nous pour que nous n'ayons pas, vivace; le souvenir des services rendus par les Croix-Rouges à la cause sacrée de la Civilisation : aujourd'hui, elles continuent ici, dans la paix, l'œuvre qu'elles ont accomplie pendant les hostilités. Cette fois, ce n'est plus aux soldats meurtris, aux prisonniers, aux disparus, aux habitants des pays occupés qu'elles apportent leur aide précieuse; c'est aux victimes de ce champ de bataille du Travail et de l'Industrie où l'homme livre à la matière une lutte opiniâtre et sans répit. A cette œuvre nouvelle, elles apportent le même cœur, le même désintéressement, et aussi l'appui efficace de leur puissante organisation, de leurs ramifications internationales, car la Ligue, dont je salue ici l'éminent Directeur Général, Sir Claude Hill (*Applaudissements*) réunit les sociétés de 45 pays.

Je crois être l'interprète de tous ceux qui sont ici pour adresser à la Ligue et à Sir Claude Hill l'hommage de notre gratitude (*Applaudissements.*)

Les concours que vous avez rencontrés, Monsieur le Directeur Général, justifient sans doute la tâche que vous avez accomplie et les hautes personnalités qui m'entourent soulignent l'immense intérêt qu'elles apportent à des œuvres pour lesquelles un concours est apporté par toutes les classes sociales et par tous les partis politiques. Le Gouvernement, en ma personne, s'y est associé bien volontiers et, par ma voix, il vous apporte tous ses remerciements (*Applaudissements.*)

Ai-je besoin, Mesdames et Messieurs, de vous présenter les orateurs que vous allez entendre ? Ces Messieurs sont : M. J. L. Breton, l'ancien Ministre, l'apôtre de la loi française sur la Céruse, la première loi qui ait édicté l'interdiction de la Céruse dans les travaux de peinture ! (*Applaudissements.*) A côté de lui, M. le Professeur Balthazard, MM. les Docteurs Brouardel et René Sand; M. Albert Thomas, Directeur du Bureau International du Travail dont les travaux préparatoires ont facilité grandement le vote des résolutions de la 3e Conférence International du Travail; c'est ensuite M. Paul Painlevé, l'ancien Président du Conseil des Ministres, qui nous apporte ce soir la grande autorité du grand savant qu'il est; c'est M. Justin Godart, l'ancien Ministre de la Santé pendant la guerre, délégué de la France à la conférence de Genève où fut adopté le projet de convention sur la Céruse : tous également éminents, également dévoués à une grande cause ! (*Vifs applaudissements.*)

Je donne la parole à Sir Claude Hill, Directeur Général de la Ligue des Sociétés de la Croix-Rouge.

DISCOURS

de Sir Claude HILL

Directeur général de la Ligue des Sociétés de la Croix-Rouge

Monsieur le Ministre,

Mesdames,

Messieurs,

L'hommage que vous venez de rendre à la Croix-Rouge m'a profondément touché ; je crois pourtant qu'il serait essentiel de reporter tout le mérite de cette manifestation, non point sur notre modeste participation, mais sur l'empressement avec lequel tant de forces éminentes ont répondu à notre appel.

La Ligue des Sociétés de la Croix-Rouge ne mérite pas de louanges, car par sa présence elle ne fait qu'accomplir un devoir, et justifier ses Statuts, qui lui assignent le rôle de mettre les nouvelles découvertes scientifiques et médicales et leurs applications possibles à la portée de *tous*. Notre rôle est d'enseigner et de renseigner. La Croix-Rouge, dont il est superflu de retracer ici le rôle émouvant en temps de guerre, ne doit pas se diminuer en temps de paix; elle doit — et c'est là le but de notre Fédération, qui réunit 45 pays dans le même idéal — soulager les blessés de la paix et du travail, comme elle a pansé les blessures de la guerre et maintenir, à la fois, sa force et sa vitalité en continuant à se mettre toujours au service de la santé humaine.

A la base de la préservation de la vie humaine se place la connaissance et non seulement la connaissance, toujours plus approfondie par la science, mais toujours plus répandue en surface parmi toutes les classes de la population ; je veux parler de la connaissance généralisée qui est basée sur la propagation des principes fondamentaux de l'hygiène.

C'est donc la Croix-Rouge qui doit vous remercier, Monsieur le Ministre, de souligner par votre présence l'importance que vous attribuez à notre manifestation.

Nous devons remercier M. le Ministre Breton, qui va nous donner ce soir un trop bref résumé de travaux et de préoccupations poursuivis pendant de longues années, et qui a bien voulu reconnaître le rôle humanitaire et universel de la Croix-Rouge en nous associant aux efforts dont il a eu la première inspiration. Et nos remerciements doivent aller encore à nos auditeurs qui, par leur présence, attestent qu'ils veulent eux aussi participer à notre croisade de paix pour la santé publique, non seulement en combattant les maladies professionnelles dont nous nous occupons aujourd'hui, mais encore tous les fléaux de la maladie évitable contre aquelle nous dirigeons nos efforts de tous les jours. (*Applaudissements répétés.*)

DISCOURS

de M. Jules-Louis BRETON

Membre de l'Institut

Ancien Ministre de l'Hygiène et de la Prévoyance Sociale

Monsieur le Ministre,

Mesdames,

Messieurs,

Le saturnisme, empoisonnement par le plomb ou ses composés, peut être considéré comme le véritable type des intoxications professionnelles, comme celle de ces affections qui fait le plus de victimes dans la classe ouvrière.

Le plus souvent l'intoxication saturnine résulte de l'absorption par les voies digestives ou respiratoires des poussières plombifères répandues dans l'atmosphère des usines ou chantiers par le travail même des ouvriers. Malgré la grande densité du plomb et de ses composés, ces poussières, toujours très ténues, sont émises avec la plus grande facilité et se maintiennent très longtemps en suspension dans l'air avec lequel elles pénètrent dans les poumons; elles imprègnent également la salive et sont ingurgitées avec elle dans l'estomac.

Elles se déposent sur le visage et les mains de l'ouvrier et, pénétrant à travers les vêtements qui s'en imprègnent rapidement, elles peuvent, dans certains cas, recouvrir tout son corps. Ce fait est bien loin d'être négligeable, car si c'est surtout par les voies respiratoires et digestives que le plomb s'introduit dans l'organisme, il peut également pénétrer par la peau, surtout si celle-ci présente quelques éraflures, comme cela se produit souvent chez les travailleurs.

A ces causes d'intoxication s'ajoute encore chez les peintres le contact direct des pinceaux et outils enduits de peinture et la projection des gouttelettes de peinture sur les mains, la figure et les vêtements.

Enfin le plomb et ses composés sont des plus dangereux par suite de la facilité avec laquelle ils produisent des émanations plombifères qui peuvent provoquer une absorption du poison par les voies respiratoires, mêmes dans les travaux qui ne produisent pas de poussière.

Si négligeables que puissent paraître, à première vue, certains de ces modes d'introduction du plomb dans l'organisme, ils n'en sont pas moins extrêmement redoutables, l'absorption des plus minimes quantités de plomb devenant dangereuse si elle se répète fréquemment.

Nous ne saurions trop insister sur ce point, une des caractéristique des sels de plomb étant d'agir à très faible dose; ils sont assez difficilement assimilables et l'on peut parfois, sans grand danger, en ingérer une dose relativement considérable qui n'agit que partiellement et se trouve rejetée pour la plus grosse part sans être assimilée par l'organisme. Mais, en revanche, une fois passés dans les tissus, ils sont très difficilement éliminés et, pour peu que l'absorption se continue journellement, même à doses infiniment faibles, ils s'accumulent dans les organes et y provoquent des troubles qui peuvent à la longue présenter un caractère d'extrême gravité.

C'est ainsi que, contrairement à la plupart des poisons, une certaine quantité de sel de plomb peut être plus dangereuse si on l'absorbe en un grand nombre de petites doses successives que si on l'ingère en une seule dose massive.

Et c'est justement là, le mode d'intoxication dont souffrent tous les ouvriers dont la profession comporte la manipulation du plomb ou de ses composés; certes ce n'est pas à fortes doses qu'ils absorbent le poison; c'est au contraire à doses infinitésimales, mais tous les jours et d'une façon continue, que le plomb pénètre dans leur organisme et y produit traîtreusement son action destructive.

Ce n'est donc qu'exceptionnellement, par suite de causes anormales, accidentelles ou de prédisposition naturelle du sujet aux accidents saturnins, que l'action du plomb est rapide et se manifeste par des troubles immédiats; dans la plupart des cas, l'absorption se fait avec une grande lenteur, son action est invisible, insoupçonnée, et lorsque l'ouvrier ressent les premières atteintes du mal, il est déjà terriblement rongé par la maladie dont il ne peut se guérir même en abandonnant son métier et en se mettant totalement à l'abri des atteintes nouvelles du plomb.

Parfois même, aucun accident spécifique du saturnisme ne se produit, mais par l'affaiblissement de l'organisme, le plomb est la cause indirecte, et appelée à rester toujours inconnue, de maladies de tous genres.

Le plomb et ses composés agissent ainsi d'une façon insidieuse, lentement, traîtreusement, mettant souvent de longues années à tuer ou à estropier leurs victimes; mais ils n'en sont que plus dangereux et c'est une raison de plus pour les dénoncer et les proscrire comme des toxiques éminemment malfaisants et pernicieux.

Le plus souvent l'empoisonnement par le plomb se manifeste par d'effroyables coliques, connues sous le nom de coliques de plomb ou de miséréré pour en caractériser la forme douloureuse.

Et ces effroyables souffrances ne sont que le commencement du mal qui ne tarde pas à se traduire par une paralysie locale des muscles extenseurs de l'avant bras, affection caractéristique, spécifique de l'intoxication saturnine qui donne aux mains des travailleurs atteints de saturnine cet aspect de griffes que vous pourrez constater tout à l'heure dans le film qui sera projeté; l'impossibilité d'étendre les doigts constitue pour la plupart de ces victimes de la céruse une véritable incapacité professionnelle.

Le rein est un des principaux organe d'élimination du plomb et fréquemment l'urine des saturnins contient des proportions d'ailleurs très variables de plomb; cette élimination est en effet très irrégulière et toujours particulièrement lente; elle ne s'effectue pas sans dommage pour l'organe qui en est chargé et détermine une des affections les plus graves du saturnisme : la néphrite saturnine qui tue une notable quantité d'ouvriers manipulant le plomb.

La néphrite est d'ailleurs une des maladies qui faisait le plus de victimes dans la corporation des peintres : les statistiques du docteur Jacques Bertillon sont à ce sujet des plus significatives; elles démontrent que les ouvriers peintres avaient à peu près cinq fois plus de chance que les autres hommes de mourir du mal de Bright. La céruse seule pouvait en être rendue responsable.

L'action irritante des poussières plombifères sur les poumons prépare d'autre part le terrain pour la tuberculose. De plus, par une dégénérescence, une anémie générale, l'empoisonnement par le plomb prédispose à toutes les maladies; son action sur les globules rouges du sang est particulièrement caractéristique.

Enfin l'empoisonnement par le plomb apporte un appoint nullement négligeable aux nombreuses causes de dépopulation dont souffre notre pays et nous devons signaler l'influence néfaste du saturnisme sur la procréation et le nombre relativement considérable d'avortements, d'accouchements prématurés, d'enfants morts-nés ou mourant en bas age qui incombent au plomb.

Parmi les nombreux travailleurs exposés à l'intoxication saturnine les peintres manipulant la céruse entraient pour une large part; et cela d'autant plus que les mesures de protection qui peuvent être envisagées

Fig. 1. — Expérience démontrant que les peintures fraîches à la céruse émettent des émanations plombifères.

dans un atelier ou une usine spécialement aménagée ne peuvent être utilisé dans des chantiers dispersés et provisoires. La seule mesure efficace qui put être prise consista dans le remplacement de la céruse en poudre par une pâte de césure préparée directement à l'usine par le malaxage intime de la poudre de céruse et d'huile de lin, d'œillette et de pavot.

Mais l'expérience montra que malgré son efficacité certaine cette mesure resta, malgré sa généralisation, tout à fait insuffisante pour supprimer les ravages de la céruse.

C'est que la technique du métier de peintre en bâtiment dont vous aurez tout à l'heure un aperçu complet par le film qui sera projeté et qui a été spécialement fait pour cette manifestation par le Docteur Comandon, comporte de nombreuses sources d'absorption du dangereux poison.

Quelque soit les précautions prises les manches des pinceaux et des outils sont fatalement souillés de peinture, les projections de gouttelettes de peinture sur les mains, le visage, les vêtements sont inévitables ; la cigarette devient souvent un facteur important d'absorption du poison.

Certaines opérations sont particulièrement meurtrières pour les ouvriers peintres, parce qu'elles disséminent dans l'atmosphère des poussières vénéneuses : le grattage des anciennes peinture à base de céruse est dans ce cas ; de même le ponçage qui consiste à passer au papier de verre les enduits primitivement étendus sur les surfaces à peindre, de façon a faire disparaître les aspérités et a obtenir un fond bien uni et homogène qui donnera une grande régularité et un bel aspect aux couches de peintures qui y seront ensuite appliquées Il est facile de comprendre que cette opération entraine une abondante production de poussière très toxique quand le premier enduit destiné à être poncé contient de la céruse.

Les travaux d'enduisage sont également dangereux lorsqu'ils sont effectués avec des enduits à base de céruse, les ouvriers enduiseurs ayant la mauvaise habitude d'appliquer l'enduit sur la paume de la main où ils le prennent avec leur couteau spécial.

Le brûlage des vieilles peintures à la céruse constitue aussi une des opérations les plus dangereuses de la peinture en bâtiment par suite de la formation d'émanations plombifères qui sont respirées par l'ouvrier.

Enfin, comme j'ai pu le démontrer par une série d'expériences précises, les peintures fraîches à base de céruse émettent également des émanations plombifères pouvant provoquer une absorption de plomb par les voies respiratoires, même dans les travaux ne produisant pas de poussières.

Pour établir ce fait j'ai, comme le montre la figure 1, placé sous une cloche de verre une série de boîtes de métal disposées en chicanes et fraîchement peintes à la céruse; un tube de verre partant de la boîte centrale, aboutissait à un flacon barboteur contenant une solution à 10 % d'acide sulfurique ; en provoquant une aspiration à l'aide d'une trompe à eau, je pouvais ainsi faire passer dans l'eau acidulée, contenue dans le barboteur, l'air qui avait préalablement circulé entre les parois fraîchement peintes des boîtes en chicanes et qui devait, par suite, être chargé d'émanations plombifères, si toutefois la peinture à la céruse en émettait.

Or, après une journée de passage de l'air ainsi aspiré, je pus déceler très nettement la présence du plomb dans l'eau acidulée du flacon, ce qui établissait la réalité de ces émanations. Je dus toutefois utiliser pour cela le réactif extrêmement sensible de M. Trillat, la base tétraméthylée du diphénylméthane qui donne, en solution acétique, une belle coloration bleue avec le bioxyde de plomb par suite de la formation de l'hydrol correspondant.

J'ai renouvelé à plusieurs reprises cette expérience en prenant toutes les précautions possibles, en contrôlant soigneusement tous mes réactifs et toujours je suis arrivé au même résultat. En variant ce dispositif et en faisant barboter l'air dans de la peinture à la céruse contenue dans un ballon de verre, j'ai d'ailleurs pu constater, au bout d'une journée, l'entraînement de plomb en utilisant simplement les réactifs ordinaires, acides sulfhydrique ou monosulfure de sodium, beaucoup moins sensibles.

Il me restait à rechercher si ces émanations plombifères, qui sont très peu abondantes, pouvaient être dangereuses et devaient par suite être rendues en partie responsables de l'intoxication des ouvriers peintres et des nombreux malaises et indispositions, plus ou moins graves, fréquemment observés chez des personnes ayant séjourné dans des appartements fraîchement peints.

Je réalisai pour cela le dispositif représenté par notre figure 2 : sous une cloche à douille à deux tubulures latérales et sur une couche de foin disposée dans un large cristallisoir, je plaçai un cobaye en parfait état de santé; la cloche reposait sur une cuvette plate contenant de l'eau et formant joint hydraulique; l'une des tubulures latérale portait un manomètre permettant d'observer la dépression intérieure de deux à trois cm. d'eau; l'autre tubulure était en communication avec un flacon laveur contenant de l'eau acidulée et relié lui-même à une trompe à eau produisant une aspiration d'air; enfin, la tubulure supérieure fut mise en communication avec un autre flacon de Durand contenant une certaine quantité de peinture à base de céruse d'une composition courante.

La trompe mise en action, le cobaye, placé dans sa prison de verre, respira l'air qui avait préalablement barboté dans la peinture de céruse et s'était ainsi chargé d'émanations plombifères dont la formation put être d'ailleurs vérifiée, à la fin de l'expérience, par l'analyse de l'eau acidulée du flacon laveur. Placé sous la cloche un soir à 6 h., le cobaye passa toute la nuit dans ces conditions : dès le lendemain matin à 7 h., cet animal qui, la veille, était très vigoureux et mangeait avec appétit

Fig. 2. — Expérience montrant la grande toxicité des émanations plombifères des peintures fraîches à la céruse.

les aliments mis à sa disposition, refusait toute nourriture et restait immobile, les yeux presque fermés, son museau enfoncé dans le foin, agité par moment de mouvements fébriles; à 9 h., il était couché, les yeux fermés, la respiration saccadée et rapide; à midi, il fut pris de spasmes violents et mourait quelques instants après.

L'examen nécropsique effectué par le Dr Marie confirma les lésions du rein et du poumon; pour ce dernier organe, l'examen histologique montra l'état congestif périalvéolaire et l'hypersécrétion inflammatoire intra alvéolaire. Ces lésions du tissu pulmonaire sont analogues à celles décrites par le professeur Laborde et observées par lui chez des cobayes tués, en moins de 2 heures, par l'absorption de poussières fines de céruse mises en suspension dans l'atmosphère ambiante.

Dix-huit heures avaient donc suffi, dans notre expérience pour tuer le cobaye soumis aux émanations de peinture fraîche de céruse; loin de se montrer inoffensives, ces émanations avaient agi avec une rapidité surprenante; mais ne devait-on pas attribuer ce dénouement rapide, cette intoxication brutale, aux vapeurs d'essence de térébenthine contenue dans la peinture ? Une nouvelle expérience s'imposait pour contrôler ce fait; isolée, ma première expérience n'avait aucune portée et la mort de notre cobaye pouvait être attribuée autant à l'essence de térébenthine qu'au plomb.

Je recommençai donc l'expérience dans des conditions absolument identiques, en substituant simplement à la peinture de céruse une peinture à base d'oxyde de zinc de composition identique. Or c'est à peine si notre nouveau cobaye, plus heureux que son prédécesseur, parut par moments quelque peu incommodé et sembla présenter quelques instants de torpeur, environ 2 heures après sa mise en expérience. Il ne perdit pas l'appétit durant les 27 heures qu'il passa sous la cloche, et était en train de grignoter avec ardeur lorsqu'il en fut retiré après ce temps ; très vigoureux, il s'échappa à ce moment de mes mains et ne fut guère facile à rattraper dans mon laboratoire. Il vécut encore plus d'un an en parfaite santé.

L'essence de térébenthine seule ne peut donc être rendue responsable des accidents souvent constatés ; certes, son rôle ne doit pas être négligeable et elle doit, tout au moins, en s'évaporant, faciliter la production et l'entraînement des émanations de céruse; il me semble même très probable qu'il se forme, dans la réaction complexe qui se produit au moment de la résinification de l'huile, une très petite quantité d'un composé de plomb particulièrement toxique.

J'ai essayé d'isoler ce corps en distillant, au bain-marie à 100°, dans un courant d'air, puis dans un courant de vapeur d'eau, l'essence de térébenthine contenue dans de la peinture à base de céruse, mais le temps m'a manqué à ce moment pour mener à bien ces recherches que je n'ai pu reprendre depuis.

En tout cas, la formation de ce composé de plomb particulièrement toxique expliquerait parfaitement la grande toxicité des émanations des peintures fraîches à la céruse qu'il paraît difficile d'attribuer exclusivement aux quantités très minimes de plomb qu'elles contiennent.

Quoi qu'il en soit, que la céruse et l'essence de térébenthine multiplient leur toxicité propre par une combinaison chimique donnant naissance à un toxique nouveau, ou plus simplement, additionnent leurs effets vénéneux dans une action parallèle et séparée, il n'en reste pas moins établi, par l'expérience dont je viens de donner les résultats, qu'il peut être dangereux de séjourner dans des pièces nouvellement peintes à la céruse. Les peintures au blanc de zinc, même additionnées d'essence de térébenthine, restent au contraire inoffensives

Pour prendre une partie du film que vous allez voir projeter tout à l'heure, j'ai voulu tout récemment, il y a une quinzaine de jours, renouveler l'expérience que j'avais faite il y a seize ans. Les résultats de cette nouvelle expérience furent encore plus impressionnants : le cobaye fut soumis sous sa cloche aux émanations de peinture à la céruse à partir de 16 heures 30; une demi-heure après, il était déjà très visiblement incommodé; à 17 heures 30, il restait immobile les yeux presque fermés, agité par moment de mouvements fébriles ; vers 18 heures, il était pris de spasmes convulsifs, puis restait couché sur le dos à partir de 18 h. 15 pour mourir à 18 heures 45 après une dernière convulsion.

Deux heures un quart avaient donc suffit aux émanations de céruse pour tuer cette fois notre cobaye.

Comment, dans ces conditions, pouvoir négliger l'action pernicieuse de ces émanations plombifères sur l'organisme des ouvriers peintres appelés à les respirer constamment à moins forte dose heureusement que notre cobaye ? Cette action est d'autant plus probable que, comme nous l'avons indiqué tout à l'heure, le plomb agit sur l'organisme, même à doses infinitésimales, pourvu que ces doses soient fréquemment renouvelées. L'absorption des quantités les plus minimes de ce poison est des plus redoutables si elle se répète journellement durant plusieurs années ; elle provoque fatalement dans ce cas les accidents saturnins que nous avons décrits.

Et entouré constamment de cette substance vénéneuse, comment l'ouvrier peintre pourrait-il éviter cette absorption des doses infimes qui suffisent à l'empoisonner ? Il est guetté partout par le poison, disposé à pénétrer dans son organisme par toutes les voies : c'est la poussière mise en suspension dans l'atmosphère par les grattages et les ponçages, ce sont encore les émanations plombifères émises par le brûlage des vieilles peintures et par les peintures fraîches comme nous venons de le démontrer qui pénètrent dans ses poumons ; ce sont les projections, les gouttelettes de peinture impossible à éviter totalement, qui se dépose sur ses mains et sur son visage ; ce sont ses outils, ses couteaux, ses pinceaux, ses brosses qui sont plus ou moins recouverts du poison et qui le répandent sur ses mains dès qu'il les manie, traversant la peau le toxique s'insinue ensuite dans son organisme ; avec sa cigarette, il le porte d'ailleurs directement à sa bouche et, s'il ne prend pas les précautions les plus minutieuses, s'il ne protège soigneusement ses vêtements, s'il ne se lave les mains avec

Fig. 3. — Panneau peint par moitié à la céruse (gauche) et à l'oxyde de zinc (droite). Photographié 15 ans après.

un soin extrême, s'il ne se nettoie pas avec minutie les ongles, il souille ses aliments qui porteront le poison dans ses organes digestifs ; ce poison, il le rapporte jusqu'au foyer familial où, inconsciemment, il risque d'intoxiquer les siens.

Et l'ouvrier peintre n'est pas le seul menacé par le poison : nos expériences sur les émanations plombifères des peintures fraîches à la céruse montrent avec évidence que ce n'est pas sans raison qu'on a très souvent attribué à ce poison les accidents, parfois mortels, qui ont atteint des personnes ayant séjourné dans des pièces nouvellement peintes avec ce produit. J'ai cité dans mon rapport parlementaire de très nombreux cas d'intoxication de cette nature ; je me bornerai ici à rappeler que la mort du célèbre sculpteur David d'Angers fut attribué par Guérard au séjour prolongé dans un appartement nouvellement peint.

D'autre part, les travaux de grattage et de ponçage effectués dans des locaux habités peuvent provoquer des accidents, non seulement durant le travail des ouvriers peintres, mais ultérieurement. lorsque la poussière de céruse qui se sera déposée un peu partout, sur les corniches, sur les meubles, dans les fentes du parquet, dans tous les interstices, sera soulevée de nouveau et mise en suspension dans l'atmosphère par les soins du ménage.

Souvent d'ailleurs les peintures, surtout les peintures mates, et tout particulièrement, comme nous l'avons démontré, les peintures à base de céruse, ont une tendance à fariner, c'est-à-dire qu'elles se détachent partiellement au moindre frottement. Il suffit alors d'y passer la main pour la poudrer d'une légère couche de céruse. Qui pourrait contester le danger qui en résulte, surtout pour les enfants dont on connaît la tendance à porter les doigts à la bouche. C'est pour eux l'absorption fatale du poison.

Mais est-il vraiment besoin de toutes ces précisions pour établir qu'il est profondément illogique et absurde de nous entourer d'un produit dont les propriétés vénéneuses ne sauraient être sérieusement contestées par personne, de vivre au milieu de surfaces enduites d'un poison redoutable, d'en imprégner tous les objets dont nous sommes appelés à nous servir.

Il est de nombreux poisons, bien moins dangereux que la céruse et dont la vente est pourtant soigneusement réglementée.

Nous pensons, en tout cas, avoir suffisamment montré l'impérieuse nécessité de prohiber ce redoutable poison et de mettre enfin un terme à ses exploits meurtriers. Mais il existe encore des adversaires de cette mesure de salubrité et d'hygiène pour prétendre que cette prohibition présente des inconvénients techniques qui s'opposent à sa généralisation, pour affirmer qu'aucune autre substance ne peut donner des peintures aussi résistantes et couvrant aussi bien.

Fig. 4. — Panneau peint par moitié à la céruse (gauche) et à l'oxyde de zinc (droite). Photographié 15 ans après.

Même si cette affirmation était exacte, on ne pouvait hésiter à prohiber une substance aussi néfaste ; mais cela est faux, complètement faux, comme l'ont formellement établi toute une longue série d'expériences et d'essais et il est nécessaire de mettre fin à cette légende qui ne s'appuyait que sur la routine et l'ignorance.

En fait de nombreuses substances sont actuellement employées avec le plus entier succès pour remplacer la céruse dans tous les travaux de peinture ; les principales sont l'oxyde de zinc ou blanc de zinc, le sulfure de zinc, le lithopone, mélange de sulfure de zinc et de sulfate de baryte obtenu par double précitation, sans parler de nombreuses compositions chimiquement mal définies et à base de zinc, de titane, d'antimoine, de baryte, etc., etc. La plupart de ces peintures, tout en étant inoffensives donnent d'ailleurs d'excellents résultats.

Mais il nous suffira, pour mettre fin à la légende de la céruse, de comparer ce produit toxique avec un corps inoffensif : l'oxyde de zinc, corps de composition chimique nettement définie, employé depuis plus d'un siècle concurremment au carbonate de plomb et sur lequel portèrent toutes les expériences comparatives que j'ai poursuivies pendant plusieurs années.

Chargé, en 1903, du rapport parlementaire sur le projet de loi tendant à prohiber l'emploi de la céruse dans les travaux de peinture, je me trouvais en présence d'une documentation abondante mais essentiellement imprécise. Depuis de longues années, la question était passionnément discutée, mais aucune étude complète, réellement méthodique et scientifique, n'en avait encore été faite : on s'était borné le plus souvent à interpréter les appréciations, plus ou moins partiales et routinières, de personnes du métier n'ayant utilisé qu'un seul genre de peinture ; quant aux expériences comparatives déjà exécutées, elles avaient été réalisées dans des conditions confuses ne comportant aucun élément réellement comparable, aucune des garanties indispensables à l'expérience scientifique.

Fig. 5. — Dispositif employé pour photographier les panneaux d'expérience.

Je résolus par suite de reprendre l'étude de la question en y appliquant les méthodes expérimentales les plus rigoureuses seules capables de trancher définitivement les points controversés. Je pus ainsi arriver à des conclusions nettes et précises, à des démonstrations probantes qui contribuèrent pour une large part au vote définitif de la loi.

Je me bornerai ici au résumé et aux conclusions de ces recherches qui donnèrent lieu, en 1903, à une communication à l'Académie des Sciences, présentée par Berthelot, et qui furent décrites et commentées dans ma Note *Sur la substitution des peintures à base de zinc aux peintures à base de plomb*, publiée dans les *Annales de Chimie et de Physique*

(7e série, t. XXX, décembre 1903). Ces expériences furent exposées d'une façon encore plus détaillée dans mes Rapports parlementaires sur l'emploi des composés du plomb dans les travaux de la peinture en bâtiments (1903 et 1907).

La première partie de cette étude comportait la comparaison des différentes peintures au point de vue de leur solidité, de leur durée, de leur résistance aux divers agents atmosphériques. Sur cette question, on avait èmis les avis les plus divers et les plus contradictoires; la plupart des peintres affirmaient que seule la céruse donnait des peintures suffisamment résistantes pour pouvoir être utilisées à l'extérieur des habitations; quelques - uns prétendaient pourtant que c'était là propos routiniers de gens n'ayant jamais employé d'autres produits.

Les exemples cités par les uns et par les autres s'appuyaient sur des faits insuffisamment établis et reposaient sur des expériences ne comportant aucune donnée précise, aucun facteur vraiment comparable. Seules les expériences qui venaient d'être entreprises par la Société de Médecine publique et d'Hy-

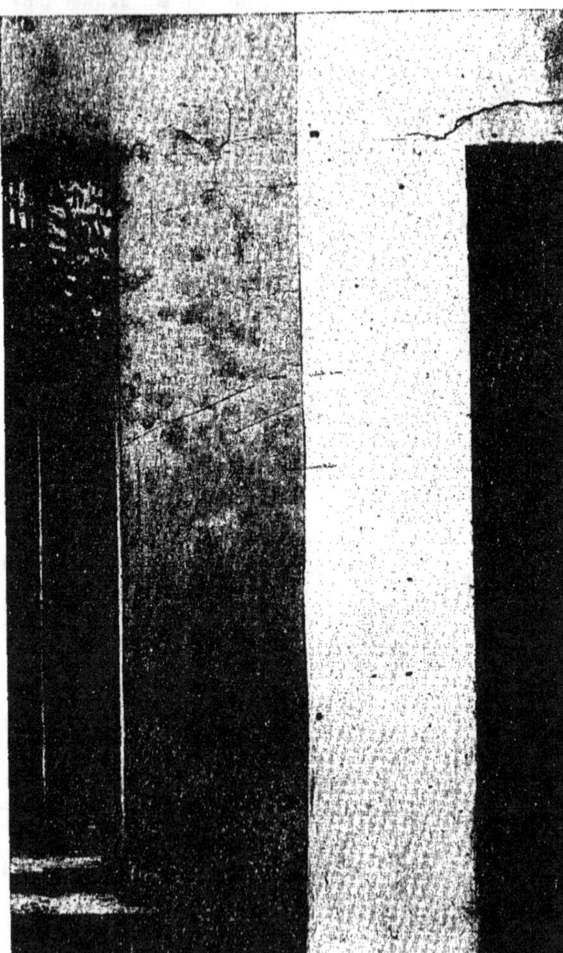

Fig 6. — Panneau peint par moitié à la céruse (gauche) et à l'oxyde de zinc (droite). Photographié 15 ans après.

giène sanitaire à l'annexe de l'Institut Pasteur, présentaient les garanties nécessaires à une démonstration probante. Mais il fallait attendre plusieurs années avant d'en avoir les conclusions, puisqu'elles consistaient à suivre les lentes dégradations subies par les différentes peintures sous l'influence des intempéries et du temps.

C'est pourquoi je résolus d'entreprendre une série d'expérience de laboratoire consistant à attaquer les différentes peintures à comparer, par une grande variété de réactifs à action plus puissante et plus rapide. On pouvait évidemment objecter à ces expériences que je ne me plaçais pas ainsi dans les conditions mêmes de la pratique courante ; mais la multiplicité des réactifs employés, la concordance des résultats, pouvaient néanmoins donner les indications les plus précises et les plus sérieuses.

Je soumis donc à l'action plus ou moins prolongée de nombreux réactifs, 30 compositions différentes de peintures à base de céruse,

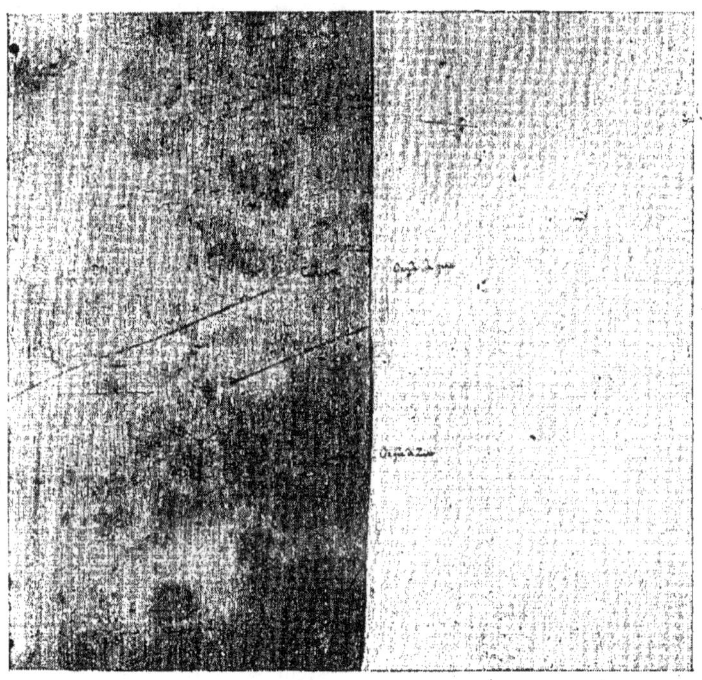

Fig. 7. — Panneau peint par moitié à la céruse (gauche) et à l'oxyde de zinc (droite). Photographié 15 ans après.

d'oxyde de zinc et de lithopone, appliquées sur des lames de verre et contenant plus ou moins d'huile de lin, d'essence de térébenthine et de siccatif.

C'est ainsi que j'employai successivement des acides plus ou moins concentrés : acide sulfurique, azotique, chlorhydrique, fluorhydrique ; des alcalis : ammoniaque, lessive de soude et de potasse ; des dissolvants variés : benzine, toluène, sulfure de carbone, essence de térébenthine, alcool, éther ; des oxydants : hypochlorite de soude, etc. En confectionnant des galettes de plâtre salpêtré, je comparais également, à l'aide de divers dispositifs expérimentaux, la résistance que les différentes peintures pouvaient opposer à la pénétration des efflorescences de salpêtre qui se forment à la surface de certains murs humides. J'ai de plus étudié l'action de la chaleur sur les différentes peintures en les maintenant plus ou moins longtemps à des températures diverses entre 150° et 250°, ainsi que l'effet produit sur elles par de brusques variations de température alternant entre 100° et la température ordinaire.

Je n'entrerai pas ici dans le détail de ces expériences entièrement décrites dans les documents cités plus haut, et je me bornerai à résumer leurs conclusions : la céruse résiste mieux que ses succédanés à l'action de certains acides concentrés et, dans certains cas particuliers et d'une façon momentanée, à la pénétration des efflorescences de salpêtre; elle se montre au contraire très inférieure sous l'action des variations brusques de température, de la chaleur, des émanations sulfhydriques et de certains oxydants énergiques comme l'hypochlorite de soude; enfin les peintures à la céruse sont sensiblement moins adhérentes que les autres aux supports sur lesquels elles sont appliquées et ont une tendance à se boursoufler, comme cela se produit lorsqu'une peinture fraîche est exposée au soleil.

De plus, mes expériences me permirent d'établir d'une manière générale que l'adjonction d'essence de térébenthine diminue la solidité de toutes les peintures; que l'addition de sulfate de baryte, tout en diminuant le pouvoir couvrant ne rend pas la peinture moins résistante; enfin que l'adjonction de siccatif à l'oxyde de zinc, dans la proportion nécessaire pour donner aux peintures une siccativité équivalente à celle de la céruse, ne nuit en rien à la résistance de la peinture et paraît même en augmenter la solidité.

Pour confirmer mes expériences de laboratoire et obtenir, en ce qui concerne la solidité et la durée des peintures, des résultats concluants et décisifs, j'ai voulu réaliser une expérience pratique en me plaçant dans les conditions mêmes où se trouvent ordinairement ces peintures et en les laissant attaquer lentement par les divers agents atmosphériques.

En juin 1906, ayant à faire effectuer quelques travaux de peinture extérieure, j'ai fait diviser en deux parties chaque surface présentant une parfaite homogénéité de composition et d'orientation; l'une des parties fut enduite et peinte à la céruse, l'autre enduite et peinte au blanc de zinc; un des volets de chaque persienne reçut une peinture à base de zinc, tandis que l'autre volet recevait une peinture à base de plomb. J'analysai soigneusement les enduits et peintures ainsi utilisés et je suivis périodiquement depuis leurs altérations successives.

Les photographies reproduites ici (figures 3, 4, 5, 6 et 7) ont été prises en 1921, quinze ans après l'apposition de ces peintures; elles montrent que les résultats de l'expérience sont des plus probants. Les peintures à base de zinc ont résisté au moins autant que celles à base de céruse, tout en restant beaucoup plus blanches que ces dernières.

La photographie agrandie de la figure 8 montre de plus que la peinture à la céruse s'est craquelée, tandis que la peinture au blanc de zinc n'a subi aucune altération comme l'attestent les traits du pinceau apparaissant aussi nettement qu'au premier jour.

J'ai également soumis à la critique expérimentale une série d'arguments souvent donnés en faveur de la supériorité de la céruse, tirés de la nature chimique des différentes sortes de peintures, et qui semblaient admis comme des vérités incontestables.

C'est ainsi que, s'appuyant sur l'autorité de Stas qui, lors de l'Exposition universelle de 1855, consacra un très intéressant rapport à cette question, on affirmait couramment que la céruse était plus solide que les autres peintures parce qu'elle possède la précieuse propriété de former avec l'huile de lin, non pas un simple mélange comme l'oxyde de zinc, mais une véritable combinaison chimique : un oléate de plomb.

Or une série d'expériences, décrites dans les documents cités plus haut, me permirent d'établir qu'il ne se forme à aucun moment une combinaison de la céruse et de l'huile, ni pendant le mélange de ces corps, ni lors de la dessiccation de la peinture et de la résinification de l'huile sous l'action de l'oxygène de l'air. Seule, une partie infime du sel de plomb et de l'huile se combinent dans une réaction complexe pour former une quantité très faible de composés encore mal définis. Ces composés donnent à la peinture à la céruse de remarquables propriétés siccatives, mais ils semblent en développer considérablement les propriétés toxiques. Les expériences que j'ai faites à ce sujet et que j'ai exposées plus haut sont à ce point de vue des plus probantes

On affirmait encore que la céruse possède pour l'huile une affinité particulière et, affirmait-on, exclusive; on invoquait pour cela ce fait de pratique industrielle courante : lorsqu'une pâte ou une bouillie de céruse

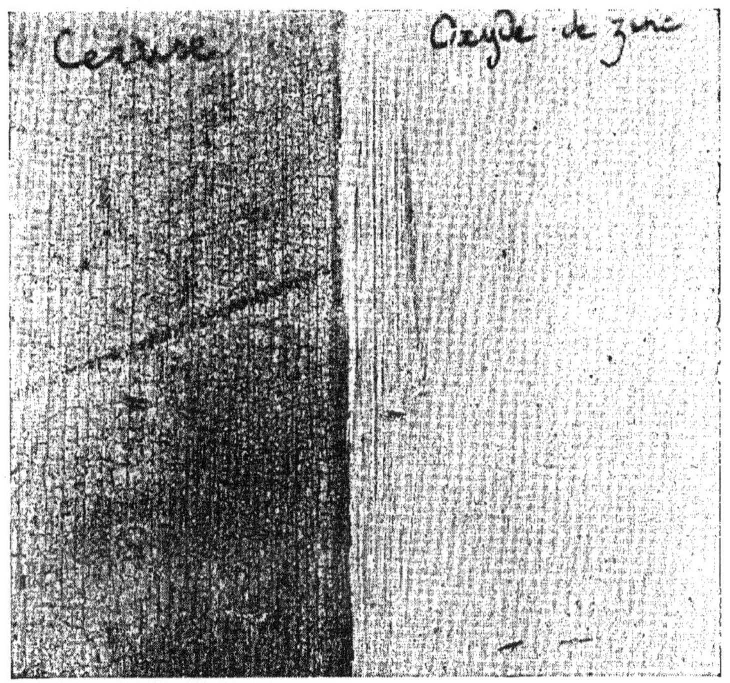

Fig. 8. — Agrandissement montrant que la peinture à la céruse a non seulement noirci mais s'est craquelée; les traits du pinceau apparaissent aussi nets qu'au premier jour sur la peinture à l'oxyde de zinc qui n'a subi aucune altération.

broyée à l'eau est malaxée avec de l'huile, cette huile déplace l'eau pour prendre sa place et se mélanger intimement avec la céruse. Or de nouvelles expériences me permirent de démontrer qu'une pâte ou une bouillie d'oxyde de zinc broyée à l'eau se comportait exactement de même et que l'oxyde de zinc possédait pour l'huile une affinité au moins égale.

J'établissais d'autre part, par de nombreux examens microscopiques, que les mélanges d'oxyde de zinc et d'huile étaient nettement plus homogènes que ceux de céruse et d'huile. C'est ainsi que la figure 9 reproduit une des photographies microscopiques que je fis à ce moment. Pour faire ces examens et ces photographies, j'avais dilué dans l'huile de lin les produits broyés afin d'obtenir des peintures présentant la même opacité et dont les particules solides fussent suffisamment séparées les unes des autres pour pouvoir être facilement observées. Puis j'avais étendu sur une même lamelle les deux peintures à étudier comparativement en deux couches parallèles aussi rapprochées que possible afin de pouvoir être examinées simultanément dans le champ du microscope. C'est ainsi que, dans la photographie microscopique de la figure 9, la partie gauche concerne la peinture à la céruse, et celle de droite la peinture à l'oxyde de zinc plus homogène, grâce à ses particules plus petites et beaucoup plus régulières.

On sait que le pouvoir couvrant est une des principales qualités que doit posséder une bonne peinture; il est en effet facile de comprendre tout l'intérêt pratique que présente la possibilité de pouvoir, avec le minimum d'épaisseur et par suite de couches de peinture, masquer les irrégularités, les saletés ou les anciennes teintes qu'il s'agit de recouvrir par une couleur homogène et uniforme

J'ai donc voulu déterminer avec précision le pouvoir couvrant des différents corps utilisés en peinture, ce qui n'avait jamais été fait d'une manière méthodique et scientifique; j'ai pu ainsi préciser une question qui restait obscurcie par les affirmations contradictoires des gens du métier, montrer la cause de ce désaccord et dissiper une erreur généralement considérée comme une vérité incontestable.

Pour arriver à des conclusions décisives, il était nécessaire d'éliminer toutes les causes d'erreurs et d'inexactitudes et de trouver des méthodes expérimentales permettant d'apprécier avec le maximum de précision, d'une part, l'opacité des mélanges employés et, d'autre part, la quantité de produits nécessaire pour obtenir une même opacité.

Un premier moyen très simple pour se rendre compte du pouvoir couvrant d'une peinture consiste à y ajouter une matière colorante quelconque dont il faut, pour obtenir une même nuance une quantité d'autant plus grande que la peinture possède un pouvoir couvrant plus accentué En effet, plus la peinture est transparente, plus grande est l'épaisseur de la couche colorée visible et plus prononcée est par suite la teinte obtenue avec une même quantité de produit colorant dilué dans une quantité donnée de peinture

J'ai donc d'abord déterminé le pouvoir couvrant relatif des différentes peintures en mesurant la quantité de colorant qu'il faut ajouter à une même quantité de chacune d'elles pour obtenir une coloration équivalente. J'ai toutefois rencontré une certaine incertitude expérimentale résultant de la difficulté de comparer entre elles ces différentes colorations, les nuances obtenues n'étant pas identiques, la céruse donnant toujours des tons un peu terreux tandis que l'oxyde de zinc, plus blanc, n'altère en rien la teinte de la matière colorante et procure des tons plus éclatants et plus frais.

Pour remédier à cette difficulté d'appréciation, d'où résulte une certaine incertitude dans la détermination exacte de la quantité de matière colorante nécessaire pour obtenir une équivalence complète de coloration, j'ai répété à plusieurs reprises chaque expérience en employant tour à tour des matières colorantes de couleurs différentes J'ai de plus opéré successivement sur des produits en poudre, puis des produits broyés à l'eau et enfin des produits broyés à l'huile Les résultats obtenus ont d'ailleurs toujours été remarquablement concordants.

J'ai néanmoins voulu contrôler ces résultats en ayant recours à des méthodes expérimentales nettement différentes. Par divers modes opératoires j'ai recouvert des surfaces de verre de mêmes dimensions, de volumes égaux, puis de poids égaux, de céruse et d'oxyde de zinc dilués dans une même quantité d'huile; j'ai ainsi pu constater que, dans tous les cas, l'oxyde de zinc présentait une opacité nettement supérieure à celle de la céruse (fig. 10).

Pour mesurer cette supériorité, j'ai finalement recouvert de nombreuses plaques de verre de mêmes dimensions, d'une fine poudre de céruse, d'oxyde de zinc ou de lithopone, soit en plaçant les lames de verre sous une cloche ou j'insufflais de l'air chargé de fines poussières, soit en mettant la poudre en suspension dans de l'eau qui était soigneusement décantée lorsque le produit s'était déposé sur les plaques.

Puis, choisissant au milieu de ces plaques ainsi recouvertes des produits à comparer, les trois dont la transparence semblait absolument équivalente, je les ai pesées, puis soigneusement nettoyées et repesées, ce qui m'a donné par différence le poids des matières qui les recouvraient.

De toutes ces expériences, dont les résultats étaient en parfaite concordance, j'ai pu déduire que, à *poids égal*, le pouvoir couvrant de l'oxyde de zinc est à peu près le double de celui de la céruse et que le lithopone

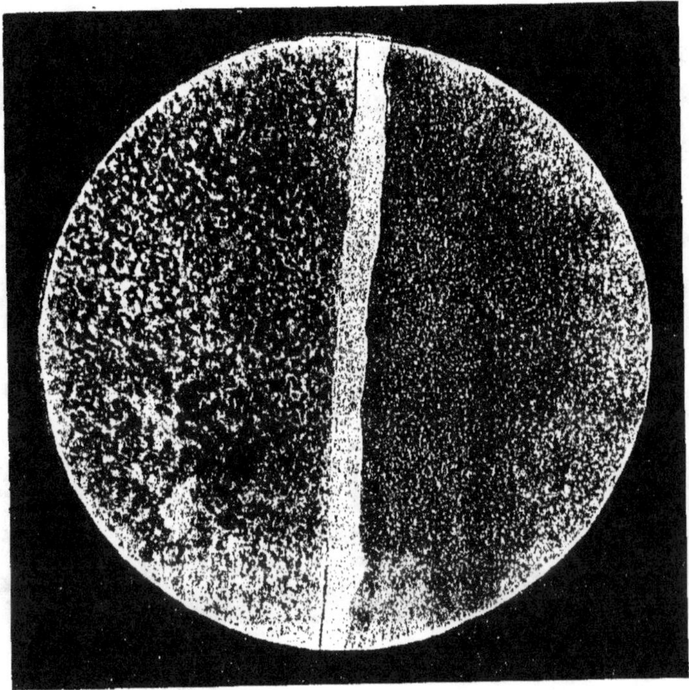

Fig. 9. — Photographie microscopique de peintures à la céruse (à gauche) et à l'oxyde de zinc (à droite).

possède lui-même un pouvoir couvrant supérieur d'un tiers environ à celui de la céruse. La différence des densités de l'oxyde de zinc et de la céruse étant relativement peu importante, il en résulte, et nos expériences l'ont démontré, que, à *volume égal*, le pouvoir couvrant du premier de ces produits reste très supérieur à celui du second.

Mais comment concilier cette constatation expérimentale avec ce fait précis, connu de tous les peintres, qu'il faut tenir la peinture au blanc de zinc sensiblement plus épaisse pour obtenir une couleur couvrant aussi bien que la peinture à la céruse ? Tout simplement à ce fait non moins certain que à égalité de volume, et *a fortiori* à égalité de poids, il faut ajouter à l'oxyde de zinc une quantité bien plus considérable d'huile qu'à la céruse pour obtenir une même fluidité. Il en résulte naturellement qu'une même quantité de peinture contient, à fluidité égale, un volume, et *a fortiori* un poids, beaucoup plus considérable de céruse que d'oxyde de zinc, et si, dans ces conditions, le pouvoir couvrant de la céruse est supérieur, cela provient simplement de ce surcroît de matière. Ce fait si simple avait pourtant échappé à tous ceux qui s'étaient occupés de la question, et c'est sa méconnaissance qui rendait si confuses toutes les discussions soulevées à ce sujet.

Mais comment expliquer que des volumes égaux des deux corps qui nous occupent procurent à une même quantité d'huile une consistance si différente ? Simplement, à mon avis, à leur constitution moléculaire essentiellement différente. Au microscope, la poudre de céruse présente en effet

Fig. 10. — Expérience démontrant que le pouvoir couvrant de l'oxyde de zinc est nettement supérieur au pouvoir couvrant de la céruse.

un aspect granuleux, tandis que celle d'oxyde de zinc se montre éminemment poreuse et spongieuse.

Ayant déposé une fine poussière d'oxyde de zinc sur une lamelle de verre, j'examinai au microscope comment elle se comportait en présence d'une goutte d'huile. On distingue ainsi parfaitement la mince couche d'huile qui se propage lentement à la surface du verre, puis imprègne brusquement chaque particule d'oxyde dès qu'elle arrive à son contact ; on dirait absolument une série de petites éponges disposées à la surface d'une lame de verre sur laquelle se répand une mince nappe d'eau qui les imprègne instantanément dès qu'elle les touche. Cet examen est facilité par l'adjonction au microscope d'un appareil de polarisation ; dans ce cas, les particules d'oxyde se détachent en blanc très pur sur un fond noir, ressemblant assez à une fine neige clairsemée sur une surface sombre ; comme ces particules prennent une teinte sombre gris bleuté, dès qu'elles sont imprégnées d'huile, on a l'impression de les voir fondre au fur et à mesure de leur rencontre avec la nappe liquide.

Examinée dans les mêmes conditions, la céruse présente un aspect tout différent et donne plutôt l'impression d'une lame de verre saupoudrée de grains de sable et se recouvrant uniformément d'une mince nappe de liquide.

Nous croyons donc pouvoir dire que c'est bien à son état moléculaire particulier et à sa grande porosité, que l oxyde de zinc doit sa propriété de former avec l'huile des mélanges plus épais que les autres corps utilisés en peinture, comme c'est à son opacité qu'il doit son grand pouvoir couvrant.

Comme conclusion pratique de mes expériences sur le pouvoir couvrant des peintures, j'indiquais dans mon second Rapport parlementaire la possibilité d'augmenter dans une très notable proportion, sinon le pouvoir couvrant intrinsèque de l'oxyde de zinc, du moins les propriétés couvrantes des peintures d'une fluidité donnée qu'il forme avec l'huile de lin Il faudrait pour cela modifier son état moléculaire par un broyage spécial à l'eau, énergique et prolongé; la pâte à l'eau ainsi obtenue serait ensuite directement transformée, par simple malaxage, en pâte à l'huile, en utilisant la propriété que j'ai reconnue à l'oxyde de zinc d'abandonner son eau pour s'allier avec l'huile exactement comme le fait la céruse.

Je crois avoir rigoureusement démontré : d'une part que la céruse était un redoutable poison particulièrement pernicieux pour les ouvriers peintres mais également dangereux pour le public; d'autre part qu'il n'existe aucune difficulté, aucun inconvénient d'ordre technique à remplacer, dans tous les travaux de peinture, ce terrible toxique par l'un quelconque de ses nombreux succédanés inoffensifs.

Dans ces conditions, continuer par pure routine, d'enduire les murs de nos appartements de céruse est une invraisemblable absurdité, un véritable défi au bon sens.

Déjà la loi française du 20 juillet 1909 interdit l'emploi de ce dangereux toxique dans tous les travaux de peinture exécutés tant à l'extérieur qu'à l'intérieur des bâtiments. Il faut appliquer cette loi avec la plus implacable rigueur et nous pouvons compter pour cela sur M. le Ministre du Travail qui a bien voulu apporter à cette manifestation l'éclat de la présidence d'un membre du Gouvernement; il faut aussi l'étendre au plus tôt aux travaux de peinture en carosserie et au minium de plomb plus dangereux encore que la céruse et employé, sans aucune raison technique, pour protéger les fers contre l'oxydation.

La troisième Conférence Internationale du Travail, tenue à Genève en 1921, demande à tous les pays de suivre l'exemple de la France. C'est dans ce même but et pour obtenir la ratification générale de cette convention internationale, que la Ligue des Sociétés de la Croix Rouge, réunissant les sociétés nationales de 43 pays, a organisé aujourd'hui cette belle et imposante manifestation.

Son généreux et retentissant appel sera entendu car il s'agit, suivant son noble but, d'épargner à des hommes des souffrances inutiles, de préserver de l'infirmité précoce et de la mort prématurée de nombreux travailleurs. (*Longs applaudissements.*)

DISCOURS

de M. le Professeur V. BALTHAZARD

Membre de l'Académie de Médecine

Les adversaires de l'interdiction de l'emploi de la céruse pour la peinture en bâtiments prétendent qu'il n'existe plus de peintres saturnins, que depuis longtemps les médecins des hôpitaux signalent qu'ils n'en soignent pour ainsi dire plus dans leurs services ; on pourrait donc dire que le renforcement de la surveillance est pour le moins inutile ou inopportun.

Que le nombre des cas d'intoxication saturnine ait diminué d'heureuse façon depuis un certain nombre d'années, c'est un fait indéniable et qui montre d'une manière péremptoire les bienfaits des lois et décrets ayant eu pour effet de limiter l'emploi de la céruse. Est-ce une raison pour cesser la lutte contre la céruse ? Tant qu'il subsistera un peintre intoxiqué, nous devrons rester vigilants, provoquer une réglementation plus sévère, surveiller rigoureusement l'application des lois, décrets et circulaires.

Mais pour le moment, le saturnisme parmi les peintres est loin d'être aussi rare, aussi exceptionnel que les cérusiers veulent bien le dire. Certes on voit peu de peintres dans les hôpitaux et j'espère que bientôt on en verra de moins en moins : l'ouvrier a le droit de se faire soigner à son domicile, dans sa famille, et les salaires actuels le lui ont souvent permis ; de plus, grâce à la loi du 25 octobre 1919, sur les maladies professionnelles, le peintre intoxiqué a droit aux soins médicaux et, en dehors des cas très graves ou l'hôpital devient une nécessité, l'ouvrier préférera toujours recourir aux soins du médecin de famille, qui a sa confiance et qui se dérange pour le visiter, si besoin est, à son domicile.

D'ailleurs les peintres connaissent bien les accidents auxquels ils sont exposés ; certains ont déjà été atteints à maintes reprises de coliques de plomb, de rhumatismes, et quand ils sentent venir les crises, ils interrompent souvent spontanément leur travail et se soignent eux-mêmes comme on avait coutume de les soigner au cours des crises précédentes.

Toutes ces raisons expliquent pourquoi les statistiques renseignent mal sur la fréquence des accidents saturnins chez les peintres. L'article 12 de la loi du 25 octobre 1919 prévoit bien la déclaration des cas de saturnisme ; il serait donc possible d'obtenir au Ministère du Travail des renseignements précis sur la fréquence et les modalités actuelles de l'intoxication saturnine chez les peintres. Mais les médecins sont encore peu enclins à faire rigoureusement les déclarations et bien des cas échappent à la statistique, surtout lorsqu'il s'agit de manifestations qui, bien que d'origine saturnine n'ont pas été englobées par le législateur dans la liste des maladies donnant droit à indemnisation.

Néanmoins la mise en vigueur de la loi sur les maladies professionnelles nous a montré que les peintres présentent encore assez souvent des symptômes d'intoxication. Dans le cours de l'année 1922, j'ai examiné cinq peintres qui présentaient les manifestations suivantes :

Coliques de plomb.............................. 1 cas
Goutte saturnine.............................. 1 cas
Paralysie des extenseurs...................... 1 cas
Néphrite (avec urémie mortelle)............... 1 cas
Encéphalopathie saturnine..................... 1 cas

Dans ce dernier cas, observé chez un broyeur de céruse, la maladie avait été fort grave et s'était traduite par des crises convulsives suivies de dépression considérable. La réduction de capacité pour le travail atteignait 40 0/0, et pourtant l'ouvrier n'a pu être indemnisé, l'encéphalopathie saturnine n'étant pas comprise sur la liste des maladies causées par le plomb annexée à la loi du 25 octobre 1919 ; ce qui prouve que cette loi est encore imparfaite et insuffisante.

Le Syndicat de garantie du Bâtiment, qui assure un assez grand nombre d'entrepreneurs de peinture de la région parisienne, a reçu 29 déclarations de maladies saturnines chez les peintres. Il en a éliminé 8 qui ne rentraient pas dans le cadre de la loi. Les 21 cas restants observés du 1ᵉʳ janvier au 12 décembre 1922, se répartissent ainsi :

Coliques de plomb........................... 11
Myalgies-arthralgies......................... 1
Goutte saturnine............................ 1
Paralysie des extenseurs.................... 1
Néphrite.................................... 7

On voit donc que le saturnisme existe toujours chez les peintres ; grâce aux efforts poursuivis jusqu'ici il est en décroissance. Encore un nouvel effort, il sera définitivement vaincu. La chose est d'autant plus facile que la céruse n'est pas indispensable dans les travaux de peinture. Il est bien suffisant de voir se perpétuer l'intoxication saturnine chez les fondeurs de plomb, les typographes, les clicheurs et surtout les ouvriers et ouvrières occupés à la fabrication d'accumulateurs.

A côté des cinq peintres que j'ai examinés l'an dernier, j'ai été commis comme expert pour statuer sur l'incapacité temporaire ou permanente de 22 ouvriers dont 3 étaient fondeurs de plomb, 8 clicheurs ou typographes, 11 employés dans les fabriques d'accumulateurs, deux de ces derniers sont morts d'urémie saturnine.

Quand vous aurez, vous les peintres, obtenu gain de cause, lorsque vous aurez à tout jamais écarté les dangers qui vous menacent, nous vous demanderons de nous venir en aide pour soulager vos frères de misère, ceux qui travaillent dans les industries où le plomb n'a encore pu être remplacé par un succédané, et pour obtenir une réglementation sévère des conditions du travail, telle que soient écartés le plus possible les risques d'intoxication

(Vifs applaudissements et approbations unanimes.)

DISCOURS

de M. le Docteur GEORGES BROUARDEL

Médecin chef de service de l'hôpital Necker.
Membre du Comité supérieur d'hygiène Publique de France.
Vice-Président de la Société de médecine Publique et de Génie sanitaire.

Monsieur le Ministre,

Mesdames,

Messieurs,

Je crois que la céruse passe ce soir quelques vilains quarts d'heure : elle l'a bien mérité dans le passé, elle le mérite bien encore dans le présent ! Je voudrais vous montrer, en quelques mots, en hygiéniste et en Médecin, qu'elle le mérite encore plus qu'elle ne le paraît.

A côté des faits patents qu'elle produit, des manifestations qui portent, pour ainsi dire sa signature, il est d'autres cas où la céruse reste encore souvent méconnue.

Vous avez vu tout-à-l'heure, dans le film qui vous a été présenté et par la conférence de M. J. L. Breton, tous les grands faits qui sautent aux yeux. Vous savez que, quel que soit le mode d'entrée du poison dans l'économie, il va s'y répandre et produire des accidents tout à fait caractéristiques : l'anémie, considérable, puisqu'au lieu de 4 ou 5 millions de globules rouges on n'en trouvent plus qu'un million 800.000 ou un million, le liséré gingival, qui est assez caractéristique avec sa couleur gris ardoisé qui apparaît sur la sertissure des gencives, la paralysie sur laquelle je n'insisterai pas : vous avez vu ce malade faisant la main en griffe au début, puis la paralysie gagnant tous les muscles. A l'avant-bras, il y a, cependant, un muscle qui reste toujours indemne : le grand supinateur, enfin, les manifestations bien connues sous le nom d'encéphalopathie saturnine. Ces manifestations, dont la genèse est compliquée, se terminent souvent par la mort.

Ce sont là des faits absolument caractéristiques, ce sont des faits en présence desquels le médecin accuse immédiatement le plomb. Mais, à côté de ces faits, il en est d'autres qui sont quelquefois singulièrement embarrassants et qui passent inaperçus, car les manifestations cliniques viennent se développer chez des individus qui ont abandonné le métier de peintre depuis longtemps et qui ne se croient pas en état d'intoxication.

Un exemple va me permettre d'expliquer ce que je veux dire.

Il y a très peu de temps, je vis arriver dans mon service, à l'Hôpital, un homme âgé de 55 ans, qui en paraissait 70. Il présentait un peu d'œdème des jambes et des pieds, il avait un peu d'albumine et sa tension artérielle était extrêmement élevée. Il accusait en outre quelques symptômes particuliers : maux de tête, vomissements, quelques nausées, bref, je fis le diagnostic de néphrite chronique, diagnostic appuyé par une anayse du sang qui démontra qu'il existait deux grammes d'urée par litre de sang. Tout cela pouvait déterminer des accidents graves. Nous fûmes singulièrement embarrassés. Notre homme nous déclara n'exercer nulle profession pouvant entraîner l'intoxication. Il était très sobre ; il avait même un tempérament exceptionnel : il n'avait bu que de l'eau toute sa vie ; enfin, il n'avait présenté que quelques maladies infectieuses de l'enfance sans importance.

Au bout de quelques jours, il se rappela, il y attachait extrêmement peu d'importance, n'ayant jamais eu ni colique de plomb, ni paralysie, qu'il avait exercé le métier de peintre pendant 15 ans et qu'il avait manipulé de la céruse pendant ce temps.

Dès lors, notre lanterne était allumée, et nous pûmes rapporter, de façon certaine, à la céruse, l'origine de ces accidents.

Mais vous concevez — et c'est sur ce point que je veux retenir votre attention — combien des accidents aussi tardifs, des morts se produisant chez des individus ne maniant plus la céruse depuis longtemps, peuvent passer inaperçus : l'individu n'exerce plus le métier de peintre et ce n'est pas la céruse qui est incriminée dans les causes de sa mort.

Il y a eu certainement un très grand progrès de fait et tous ces cas d'intoxication que je viens d'énumérer devant vous ont diminué depuis un certain nombre d'années. Il en reste, cependant, encore énormément et s'il y a une diminution, c'est grâce aux efforts de M. J. L. Breton (*Vifs applaudissements*), à ses interventions répétées au Parlement, de 1902 à 1907, qui ont abouti à la réglementation dont nous voyons aujourd'hui un certain nombre de bons effets.

Il ne s'en tient pas là ! Il veut faire plus encore ! Et voici qu'à côté de M. J. L. Breton, nous voyons des parlementaires éminents comme MM. Painlevé, Justin Godart, Albert Thomas, M. le Ministre Peyronnet : ils vont mener le bon combat ! Mais nous, pendant ce temps, ne restons pas inactifs, tous, tant que nous sommes : médecins, hygiénistes, ouvriers, sociologues, travaillons ! groupons-nous ! unissons nos efforts, multiplions-les, pour lui faciliter la tâche ! (*Vifs applaudissements*).

DISCOURS

de M. Paul PAINLEVÉ

Ancien Président du Conseil des Ministres

Monsieur le Ministre,

Mesdames,

Messieurs,

Après les paroles de tant d'orateurs éloquents et compétents, après un défilé d'images plus émouvantes que les plus éloquents discours et qui nous auraient montré à tous, si nous l'avions ignorée, la reconnaissance que doivent tous les travailleurs à la clairvoyante ténacité de M. J.-L. Breton... (*Applaudissements.*) ...je ne veux apporter ici qu'une brève déclaration et ce sera pour souligner la présence ce soir, à ce fauteuil présidentiel, d'un membre du Gouvernement français, l'honorable M. Albert Peyronnet Ministre du Travail ! (*Applaudissements.*)

Cette présence signifie que la volonté officielle, arrêtée du Gouvernement est de contribuer, de tout son effort, à l'abolition universelle de la céruse

La loi qui interdisait chez nous l'emploi de la céruse a été une grande victoire sociale, mais, pour que cette victoire soit complète, pour que la loi soit intégralement appliquée dans notre pays et pour que les maux odieux engendrés par la céruse disparaissent de la face de la terre, il faut un grand effort international auquel les volontés individuelles ne sauraient suffire non plus que les activités de puissantes associations, si puissantes qu'elles soient, si nobles, si généreuses et si chères à nos cœurs qu'elles soient, comme la vôtre, Sir Claude Hill et Docteur Sand, vous que nous sommes si heureux d'applaudir ce soir en vous adressant l'expression de notre profonde reconnaissance ! (*Applaudissements.*)

Non ! il faut les volontés concertées des gouvernements. Votre présence à ce fauteuil, mon cher Ministre, nous prouve, très certainement, que, dans ce concert des volontés nationales, la volonté de notre Gouvernement ne fera pas défaut pour entraîner les autres peuples dans la voie, ouverte par la France, de l'interdiction absolue du blanc de céruse.

Durant toute la guerre, cette guerre terrible pour la civilisation, la France a été au premier rang de la bataille : nous voulons que, durant la paix, la France indéfectible soit encore au premier rang dans la bataille de l'Humanité contre la Maladie, l'Ignorance et la Mort ! (*Vifs applaudissements.*)

DISCOURS

de M. Albert THOMAS

Directeur du Bureau International du Travail

Monsieur le Ministre,

Mesdames,

Messieurs,

Mon premier devoir est de remercier la Ligue des Sociétés de la Croix-Rouge d'avoir organisé la manifestation de ce soir

Nous sommes déjà, Sir Claude Hill, de vieux alliés, et, dans cette cité lointaine de Genève, où nous étions voisins, avant que, heureux homme, vous ayiez pu réintégrer Paris, nous avons déjà travaillé utilement en associant nos efforts.

La Ligue des Sociétés de la Croix-Rouge a compris, en effet, qu'il était indispensable, pour accomplir sa tâche pacifique de protection de la santé ouvrière, de faire appel aux organisations ouvrières elles-mêmes, et à l'opinion publique ouvrière.

Elle a demandé au Bureau International du Travail de l'aider dans cette tâche. Dès la conférence de novembre 1921, nous avions affirmé cette volonté. Depuis, la Ligue des Sociétés de la Croix-Rouge a commencé son travail, et c'est avec une attention passionnée que nous suivons la grande expérience que vous avez organisée depuis quelques semaines dans la cité belge de Jumet. Là, prenant avec vous les docteurs, les hygiénistes, les représentants de la Cité, vous vous êtes attelés à cette tâche d'établir, pour toutes les familles ouvrières, des règles de vie hygiénique telles qu'au bout de quelques mois ou quelques années d'expérience, la santé ouvrière pût paraître meilleure, véritablement relevée, dans cette cité.

Mais, Messieurs, nous avons encore besoin, nous autres, de la collaboration de la Ligue des Sociétés de la Croix-Rouge. Mon ami Breton a terminé sa conférence en citant et défendant la convention internationale portant interdiction du blanc de céruse dans les travaux de peinture à l'intérieur. A l'intérieur seulement, car nous sommes en retard à ce point de vue sur la France ! Il ne nous a pas été possible, dans la conférence internationale, alors que tous les intérêts se heurtaient, d'obtenir, cette fois au moins, l'interdiction complète, pour les travaux de peinture à l'extérieur comme à l'intérieur ! (*Applaudissements.*)

C'est une première limitation, mais certains de ceux qui sont ici savent cependant par quelles luttes, au prix de quelles batailles, s'obtient une convention internationale. Ils peuvent attester que nous avons grand besoin de l'effort de l'opinion publique tout entière, animée, mise en mouvement par la Ligue des Sociétés de la Croix-Rouge ou d'autres organisations.

La Convention de la Céruse r stera fameuse dans les annales du Bureau International du Travail !

Un questionnaire avait été envoyé. Aussitôt des polémiques s'engageaient dans tous les pays. Tous les pays dont l'intérêt productif pouvait être atteint, les pays possédant des mines de plomb, les pays s'occupant du commerce du plomb, étaient représentés à la conférence. Les délégations comprenaient tous ceux qui, d'une manière quelconque, s'étaient signalés par leurs travaux pour ou contre la céruse. Tel hygiéniste qui, après avoir pendant toute sa vie combattu la céruse, avait, sur le tard, exprimé quelques doutes, était désigné comme un grand homme de science qui devait faire échouer tout projet d'interdiction. Le groupe ouvrier dénonçait dans son sein tel petit patron, délégué cependant comme ouvrier, et qui s'opposait à l'interdiction de l'emploi de la céruse. Dans les délégations gouvernementales, dans les services d'hygiène, tous les hommes qui étaient capables d'apporter quelques idées et le résultat de quelques expériences nouvelles démontrant que l'interdiction de la céruse n'était pas absolument nécessaire, étaient là! Ce fut une bataille de six semaines... La Commission de la céruse paralysait la Conférence!

Après des luttes que je ne veux pas rappeler, après que le Bureau International du Travail eut été accusé de mensonge délibéré, parce qu'il avait cru pouvoir conclure à l'interdiction, la Commission vint devant la Conférence plénière avec un projet, d'ailleurs bien modeste, qui concluait seulement à une réglementation.

La Conférence semblait indécise. C'est alors que mon voisin, Justin Godart, délégué du Gouvernement français, commit un acte audacieux. A l'article 1er de la Commission, il substitua le texte de la loi française portant interdiction de l'emploi de la céruse pour les travaux de peinture, tant à l'extérieur qu'à l'intérieur.

On vota. Il est souvent utile de voter; la minorité fut telle — on se tint à une voix — qu'elle donna à réfléchir à tous ceux qui résistaient à la convention, et, à partir de ce moment, grâce à cet acte d'audace, la convention chemina de plus en plus rapidement, jusqu'au dernier jour. On eut alors l'idée de revenir en commission et là, par des tractations qui eurent lieu sous la présidence d'un ouvrier délégué anglais, d'un vieux militant auquel je rends hommage : M. Poulton, on arriva à décider l'interdiction dans les six ans. Je passe sur les détails.

La convention a donc été votée; elle a obtenu la presque unanimité, maintenant il faut qu'elle soit ratifiée par le plus grand nombre possible d'Etats, membres de l'organisation internationale du Travail.

Je ne veux pas vous raconter, ce soir, ce que c'est qu'une ratification. Je ne veux pas vous dire par quelle série d'actes administratifs ou législatifs il faut passer pour obtenir l'adhésion des Etats membres de l'organisation. Comment obtenir des gouvernements qu'ils étudient les clauses de la convention, qu'ils la déposent, par un projet de loi, devant le Parlement? Comment obtenir ensuite, une fois que les gouvernements se sont occupés de leur première tâche, que les commissions parlementaires votent? Comment faire qu'un rapport soit établi, que la Chambre vote? Et, une fois que la Chambre aura voté, comment faire que le Sénat vote? Comment faire pour que la ratification arrive jusqu'au Sénat?

Breton, tu te souviens des luttes que nous dûmes soutenir pour arracher une loi nationale! Pour une convention internationale, la difficulté est cinquante-quatre fois plus grande!

Je vous laisse à imaginer ce qu'il faudra faire d'efforts pour aboutir! Et cependant, les médecins l'ont dit, les ouvriers le répètent : il faut aboutir. (*Vifs applaudissements.*)

Voilà pourquoi je remercie la Ligue des Sociétés de la Croix-Rouge. Elle est capable d'une vigoureuse, intense et libre propagande : elle doit la faire! Nous, avec toute la discrétion, toute la réserve qui conviennent aux dépositaires des conventions, nous nous efforcerons, auprès de tous les gouvernements, d'obtenir nos ratifications.

Ce soir, très simplement, je vais vous dire, dans sa modestie, le travail que nous avons accompli depuis une année.

Les Etats ont un an, dix-huit mois même, avant de remplir l'obligation qu'ils ont acceptée de déposer les conventions devant le Parlement. Il y en a deux — auxquels il faut être reconnaissant du geste — qui, pour la convention céruse, ont ratifié et envoyé leur délégation à la Société des Nations. Il y a d'abord la Grèce, je ne sais pas si elle emploie beaucoup de céruse, mais — et c'est ce que certains Etats ne semblent pas comprendre — par avance, elle se préserve contre une introduction possible de la céruse, à l'heure où d'autres Etats lui auront fermé leurs frontières.

Il y a aussi l'Esthonie, que nous devons aussi remercier, car il nous est arrivé de commencer la ratification des grandes conventions par de petits Etats qui prouvent ainsi leur attachement à la Société des Nations, à l'organisation internationale du Travail et à l'œuvre de protection des travailleurs. (*Applaudissements.*)

Donc, avec la Grèce, l'Esthonie a voté. Il y a d'autres Etats qui travaillent et qui, avant de proposer la convention devant leur Parlement, l'étudient, en voient les répercussions possibles sur la vie nationale. C'est une tâche délicate mais nécessaire, car il faut adapter les deux lois : la loi nationale et la convention internationale. Ce n'est pas chose très commode : M. le Directeur du Travail, Ch. Picquenard qui est à mes côtés, peut attester les difficultés de cette tâche initiale. Elle s'accomplit cependant dans quelques Etats. Au Canada, on a transmis la convention aux différents parlements provinciaux, seuls maîtres en matière de législation sociale dans cet état fédéral. En Belgique, une commission spéciale a été nommée pour l'étudier et le Ministre du Travail, tout récemment au Sénat, le 15 novembre, a déclaré que la loi belge serait mise en accord avec la convention internationale.

Au Danemark, le Conseil supérieur du Travail a pris une résolution analogue. Enfin, sans doute pour attester le bon accord entre ma patrie et mon pays d'hospitalité, le Conseil Fédéral suisse (je l'ai appris immédiatement avant de venir à cette réunion), après avoir accompli toute cette tâche préliminaire, a décidé de recommander à son Parlement l'adoption de la Convention Internationale votée à Genève.

Ainsi, notre travail commence. Les Etats, je le répète, ont un délai d'un an à dix-huit mois pour déposer les conventions, et ce délai n'est pas expiré.

Mais si nos conventions sont difficiles à faire voter, elles ont cependant quelques vertus : elles rappellent à tous les Etats, à toutes les collectivités, la nécessité de certaines réformes. C'est ainsi que, depuis le vote de la convention et son envoi à toutes les nations, des Etats lointains, des Etats de l'Australie comme le Queensland, déposent des projets de loi portant interdiction des couleurs à base de plomb. C'est ainsi que la ville de Liége a interdit, il y a peu de temps, dans tous les travaux dont elle a la charge, l'emploi de la peinture à base de plomb, tant pour les travaux extérieurs que pour les travaux intérieurs, et que les ouvriers belges ont commencé tout un mouvement pour aboutir à l'application de la convention internationale. Je laisse de côté l'institution récente d'une belle clinique pour ouvriers peintres, à New-York. Tout cela tient évidemment à l'action qui a été menée.

Mais, le travail scientifique aussi se poursuit, qui montre davantage de jour en jour que ceux qui combattent le céruse sont dans la vérité. Breton rappelait tout à l'heure l'accusation lancée contre l'essence de térébenthine, coupable, disait-on, de tous les maux que l'on attribuait à l'innocente céruse. Ce fut le grand cheval de bataille à la Conférence. Or, on a de nouveau étudié la question en France, et il n'y a pas très longtemps que notre Académie des Sciences établissait, après des travaux nouveaux, que l'essence de térébenthine ne pouvait pas être incriminée et que la responsabilité de la céruse restait entière.

Les défenseurs de la céruse ne désarmeront pas : aussi longtemps que la convention internationale ne sera pas ratifiée, nous verrons se multiplier les manœuvres. J'ai encore reçu, il y a trois jours, une brochure tendant a démontrer qu'il suffirait de substituer le ponçage humide au ponçage à sec pour que tous les maux soient écartés ! Jour par jour, nous retrouvons les mêmes résistances, les mêmes tentatives pour démontrer l'inutilité de la convention et, parfois même, pour ébranler l'autorité des démonstrations scientifiques sur lesquelles elle repose ! (*Applaudissements.*)

Il importe donc, d'une part, que les savants, groupés pour cette œuvre de protection, défendent la vérité contre ceux qui veulent l'adultérer; il importe d'autre part, qu'une opinion publique vibrante, active, nous aide dans la tâche difficile de la protection de la santé publique ! (*Applaudissements prolongés.*)

DISCOURS

de M. le Docteur René SAND

Secrétaire Général de la Ligue des Sociétés de la Croix Rouge.

Monsieur le Ministre,

Mesdames,

Messieurs,

Les voisinages glorieux ont leur péril. L'illustre maison où nous nous trouvons, cette salle dans laquelle chaque dessein généreux, chaque conquête de la science a inscrit son affirmation solennelle, cet amphithéâtre qui a vu l'apothéose de Pasteur entré vivant dans la gloire, cette réunion d'aujourd'hui qui groupe les hommes les plus éminents par la pensée, par le talent et par l'action, tout cet éclat, tout ce rayonnement sont bien intimidants pour celui qui a l'honneur de vous parler au nom de la Ligue des Sociétés de la Croix-Rouge.

Il faut cependant que je dise pourquoi cette manifestation se recommande de la Croix-Rouge et quelles raisons ont amené la Ligue à lui accorder son patronage.

Ces deux mots, la Croix-Rouge, associent tout ce que l'humanité a de pur et d'élevé aux épreuves les plus torturantes qui soient infligées à la chair et à l'âme humaines. La Croix-Rouge, c'est la femme regardant en face l'horreur des soirs de bataille, acceptant la servitude volontaire des besognes ingrates et exténuantes, supportant d'un cœur résolu le déchirant spectacle de la douleur et de la mort étreignant chaque jour de nouvelles victimes innocentes.

Cet héroïsme patient et persévérant, c'est l'aspect essentiel de la Croix-Rouge, sa mission première, sa raison d'être originelle.

Mais le développement même de l'institution, son succès, les concours dont elle a bénéficié, lui ont créé des devoirs nouveaux.

En effet, la Croix-Rouge, qui, dans la guerre, remplit un rôle immense, s'atrophie en quelque sorte, la paix venue. L'attention générale se détourne d'elle, le personnel se disperse, la générosité publique se réserve pour d'autres œuvres : ce sont là des causes de faiblesse et un véritable danger.

D'autre part, si la Croix-Rouge est la plus haute incarnation de la pitié agissante, cette pitié trouve-t-elle dans la guerre seulement l'occasion de s'émouvoir. La paix aussi n'a-t-elle pas ses souffrances, moins apparentes, parce qu'elles sont la vieille lamentation des peuples, mais non moins réelles et non moins criantes ? La maladie, la blessure, la mort, ces ennemis des jours de guerre, sont encore ceux du temps de paix. Dès lors, pourquoi désarmer devant des adversaires qui ne connaissent aucune trêve et se bornent à changer leurs moyens d'attaque ?

Lorsque M. Henry P. Davison, président, pendant les hostilités, de la Croix-Rouge américaine, vint après l'armistice développer ces idées devant les représentants de la Croix-Rouge française, de diverses autres Croix-

Rouges et des Croix-Rouges alliées, il reçut l'accueil le plus empressé : et c'est à Paris, où elle est désormais établie, que fut créée, en 1919, la Ligue des Sociétés de la Croix-Rouge, dont le but est d'aider ces associations à accomplir la tâche qui leur incombe pendant la paix : alléger les souffrances et prévenir les maladies.

Trois années d'expérience ont montré que l'action la plus utile dans cet ordre d'idées, celle qui est actuellement accomplie dans la moindre mesure, est la diffusion des notions élémentaires, et, mieux encore, de la pratique de l'hygiène.

Vous savez quel tribut l'humanité paie à la maladie et à la mort. Voici dix femmes en qui s'éveillent les promesses de la maternité. Huit de ces jeunes êtres seulement verront la lumière, et je ne tiens pas compte ici des manœuvres criminelles qui trop souvent diminuent encore ce nombre. Vingt ans après, nous ne trouvons plus que six enfants, et encore deux d'entre eux sont-ils atteints de maladies ou d'infirmités assez graves pour les rendre impropres au service militaire. Des dix jeunes gens robustes que la patrie attendait, quatre seulement ont répondu à l'appel. Et ce n'est pas là le bilan des nations arriérées, c'est celui des pays européens les plus progressifs, en pleine paix, en pleine civilisation.

Quel remède apporter à cet état de choses? On pense immédiatement au gouvernement, au législateur, et sans doute il nous faut des lois pour protéger la santé publique, il nous faut des services d'hygiène. Mais si les autorités peuvent créer des laboratoires, des équipes de désinfection, des canalisations d'eau, si elles peuvent favoriser la construction d'habitations salubres, interdire l'emploi des poisons industriels, faire examiner les écoliers par le médecin, il faut aussi que l'opinion publique accepte ces interventions, malgré les dépenses qu'elles nécessitent, malgré les sacrifices qu'elles imposent aux intérêts particuliers, malgré la restriction de la liberté individuelle qu'elles comportent. Et cette collaboration générale ne sera obtenue que si chacun apprécie le prix de sa propre santé.

Tel est le premier enseignement à propager.

Il amène tout naturellement un complément : estimer la santé, ce n'est pas assez, il faut encore savoir la protéger. Les pouvoirs publics y contribuent; mais c'est de notre vie quotidienne que dépend avant tout l'équilibre de l'organisme. La propreté, la modération en toutes choses, l'exercice au grand air, un repos suffisant, voilà l'Evangile qu'on doit prêcher sans cesse.

A la base de notre effort, nous devons donc placer ce que la Ligue a appelé l'éveil du sens de l'hygiène, la diffusion d'un état d'esprit éclairé quant à la valeur de la santé et l'éducation d'une volonté résolue à s'en assurer les bienfaits.

Cette tâche, les quarante-cinq Sociétés nationales de la Croix-Rouge que groupe la Ligue l'ont entreprise, par la propagande publique, par l'action, dans les familles, de l'infirmière visiteuse, enfin, par la Croix-Rouge de la Jeunesse, dont l'essor commence en France, et qui, de chaque classe de nos écoles, fait une section et une pépinière de la Croix-Rouge.

Mais la propagande qui s'adresse à la population en général doit se doubler d'un enseignement destiné aux groupements les mieux préparés et les plus accessibles, et c'est pourquoi la Ligue, d'accord avec le Bureau International du Travail, a demandé aux Sociétés de la Croix-Rouge de s'entendre, dans leur campagne pour la santé, avec les groupements patronaux et ouvriers. M. Albert Thomas a bien voulu accepter de vous exposer ce qu'est déjà, ce que sera cette collaboration. Je me bornerai à dire que, voulant la santé de tous, la Croix-Rouge doit se faire le champion de la santé de la classe ouvrière.

Voilà pourquoi la Croix-Rouge est ici, voilà pourquoi nous sommes heureux que notre premier appel au peuple français ait pour objet la lutte contre un poison industriel.

Il est, en effet, des maladies qui doivent disparaître avant les autres parce que nous en tenons la source sous notre contrôle absolu : ce sont les affections strictement professionnelles. Etudiez-les une à une, et vous trouverez le moyen de les éviter, soit par la substitution d'un produit à un autre, soit par des perfectionnements techniques. En ce qui concerne le saturnisme, l'accord est fait : la céruse n'est pas indispensable, la céruse peut être définitivement abandonnée. Dès lors, rien n'excuse plus son emploi meurtrier, et nous nous joignons à ceux qui se promettent de la bannir, puisque notre volonté est qu'il y ait plus de travailleurs robustes et moins d'invalides, plus de foyers prospères et moins de familles appauvries, plus de berceaux et moins de tombes.

Des millions d'hommes, de femmes et d'enfants forment par le monde la chaîne fraternelle de la Croix-Rouge. Cette élite du cœur est ardemment avec vous dans votre noble effort, parce qu'elle sait qu'une nation saine est une nation forte et que chaque recul de la maladie accroissant la moralité et la prospérité publiques, conduit les peuples qui savent faire l'effort nécessaire vers des destinées sans cesse plus hautes, plus radieuses, plus dignes de l'étincelle divine qui brille dans le regard des hommes *(Vifs applaudissements)*.

DISCOURS

de M. Justin GODART

Mesdames,

Messieurs,

La démonstration vient d'être faite que l'emploi de la céruse peut, techniquement, et doit, humainement, disparaître.

Depuis longtemps, en France, des mesures législatives ont été prises contre ce poison industriel et elles ont, pour une grande part, servi de base au projet de convention adopté par la IIIᵉ Conférence Internationale du Travail.

Ce n'est pas à dire que nous n'ayons maintenant rien à faire : notre Code du Travail étant plus rigoureux, à beaucoup d'égards, que la convention. A celle-ci, nous devons emprunter la règle de l'interdiction totale, alors que nous ne protégeons que l'ouvrier et laissons le patron et le particulier au péril de l'intoxication.

Hors de l'industrie du Bâtiment, des corporations comme celle des peintres en voiture sont encore livrées au saturnisme, ce qui n'est plus tolérable.

Enfin, le redoutable produit circule librement... Etant donné sa nocivité incontestée, ne convient-il pas de prendre à son sujet des mesures de surveillance et de contrôle ?

Ce sont là des problèmes que le Parlement aura à envisager lorsqu'il sera appelé par le Gouvernement à ratifier la Convention.

Pour qu'il mène à bien et rapidement sa tâche, l'opinion publique doit le soutenir, voire le stimuler, car il sera saisi de quelque chose de plus large, de plus grave, que du conflit entre les intérêts des cérusiers et la santé des travailleurs ; il sera appelé à adhérer, à collaborer à l'œuvre internationale, bienfaisante voulue par le traité de Versailles. Bien qu'au bas de celui-ci se trouve la signature de la France, bien que nous nous appuyions sur lui pour faire valoir nos droits, certaines parties sont l'objet de discussions ou d'oppositions qui, en vérité, ne peuvent qu'affaiblir l'acte qui est un tout.

Le Traité, qu'on ne l'oublie point, contient le pacte de la Société des Nations. Le Traité comporte un long chapitre nouveau dans un instrument diplomatique de ce genre, intitulé : « Travail ». Ecoutez-en ces quelques phrases du préambule :

« La Société des Nations a pour but d'établir la paix universelle, et « une telle paix ne peut être fondée que sur la base de la justice sociale.

« Il existe des conditions de travail impliquant, pour un grand nombre « de personnes, l'injustice, la misère et les privations, ce qui engendre un « tel mécontentement que la paix et l'harmonie universelles sont mises en « danger.

« La non-adoption, par une nation quelconque, d'un régime de travail

« réellement humain, fait obstacle aux efforts des autres nations désireuses
« d'améliorer le sort des travailleurs dans leur propre pays. »

J'ajoute encore cette courte citation :

« Le travail ne doit pas être considéré simplement comme une mar-
« chandise ou un article de commerce. »

Après avoir proclamé ces clairs principes d'une morale de la production et, en même temps, et par là, d'une meilleure organisation de rende-
ment, le Traité a créé le Bureau International du Travail, la Conférence
Internationale du Travail.

De leur action est sortie, entre autres, la convention internationale contre
la céruse, en faveur de laquelle nous manifestons ce soir.

Plus vite et plus complètement la France lui donnera son adhésion,
mieux elle montrera qu'elle veut que sortent aussi, leur plein effet, les
mesures de démocratie et d'humanité insérées dans le Traité. Retenons-en
la leçon qui est de montrer aux peuples que le salut de la paix est dans
la force du travail et que, s'ils le veulent, la sagesse et la grandeur du
labeur l'emporteront sur la démence et la bassesse de la guerre. (*Vifs
applaudissements répétés*).

DISCOURS

de M. Albert PEYRONNET

Ministre du Travail

Mesdames,

Messieurs,

Je crois être l'interprète des sentiments de cette brillante assemblée, en adressant tous nos remerciements et toutes nos félicitations aux divers orateurs si précis et si documentés, que nous venons d'applaudir.

Nous avons assisté à une véritable leçon, à une grande leçon d'humanité rendue plus vivante encore par les remarquables projections cinématographiques qui nous ont été présentées.

Le grand danger social créé par le saturnisme est actuellement prouvé, scientifiquement, d'une façon irrécusable.

Cette constatation comporte pour les nations privilégiées le devoir net et impérieux d'aller droit au principal malfaiteur : la céruse, et d'en interdire les travaux qui font tant de victimes.

Qu'il me soit permis de rappeler que la France n'a pas méconnu ce devoir. Tout à l'heure, on vous a exposé tout au long comment la question avait été traitée, comme elle avait été résolue, sous l'égide des plus grands noms de la chimie, de la médecine et du Parlement. Et ce m'est un devoir ce soir, et, surtout, une grande joie, de rendre hommage, au nom du Gouvernement, au principal artisan de l'interdiction de la céruse, mon éminent collègue et cher ami J.-L. Breton ! (*Applaudissements.*)

Rappelons-nous le labeur formidable qu'il a eu à fournir lorsqu'il était rapporteur du projet de loi devant la Chambre des Députés : il a fallu toute sa foi robuste, toute sa ténacité, toute sa science éprouvée, pour triompher des résistances de toute nature qu'avait soulevées le projet.

Au surplus, tous ceux qui ont collaboré à la loi peuvent êter fiers d'une œuvre qui marque une date importante dans l'histoire de la protection de l'hygiène des travailleurs. Grâce à l'activité agissante et vigilante de l'inspection du travail, grâce au concours de toutes les organisations professionnelles, patronales et ouvrières, on peut affirmer, aujourd'hui, que la loi est appliquée de la façon la plus satisfaisante.

Les efforts de la France ont été d'ailleurs partout reconnus et un auteur apprécié, d'une technicité particulière, a pu écrire : « Par le vote de cette loi, la France a l'honneur d'avoir porté résolument le fer dans la plaie, en indiquant le chemin aux autres nations. Elle se trouve encore une fois la première sur le chemin de la civilisation et du progrès ! » (*Applaudissements.*)

On veut bien reconnaître que nous avons ouvert la voie : sachons dire aussi que nous avons le plus grand désir d'être suivis par toutes les nations.

La question, au surplus, comme le disait tout à l'heure M. Painlevé, est d'ordre international et si les bonnes volontés de tous les pays doivent pouvoir collaborer utilement, si les intérêts de tous, au lieu de se heurter, doivent pouvoir se concilier, si les efforts de tous doivent être la cause d'un progrès commun, c'est bien sur le terrain de la protection de l'hygiène ouvrière, de la protection de la santé publique.

Ce n'est certainement pas au détriment de la santé ouvrière que les nations doivent se faire concurrence, alors que tant de champs de bataille restent libres pour les plus nobles émulations.

Il importe que des réunions du genre de celle-ci aient un grand retentissement. La Ligue des Sociétés de la Croix-Rouge, organisatrice de cette réunion, est d'ailleurs, par son rayonnement sur le monde entier, admirablement armée pour réaliser cette expansion pacifique d'une campagne aussi généreuse. Je sais quels sont les moyens par lesquels vous entendez réaliser une propagande aussi bienfaisante. Pour cette réunion, le nécessaire est déjà fait : les dispositions ont été prises pour que, par téléphonie et télégraphie sans fil, nos voix soient entendues dans le monde entier : plus de frontières pour les ondes émises par cette fée, si jeune et déjà si bienfaisante, qui sert d'auxiliaire et de collaboratrice à cette œuvre si élevée, à cette mission si pacifique ! Que nos voix puissent, ce jour même, être entendues partout et convaincre ceux qui seraient tentés de résister au devoir qui leur incombe dans ce siècle de la Science, du Travail et de la Solidarité ! (*Applaudissements répétés et acclamations.*)

(*La séance est levée à 23 h. 05.*)

Au cours du brillant exposé de M. Jules-Louis Breton, fut projeté pour la première fois un film des plus remarquables, réalisé par le Docteur Comandon, à l'Office National des Recherches Scientifiques et Industrielles et des Inventions.

Ce film donne toute la technique de la peinture en bâtiments et montre les différentes opérations auxquelles doivent nécessairement se livrer les ouvriers peintres ; il indique aussi clairement l'impossibilité pour ces travailleurs de se protéger efficacement contre les atteintes de la céruse quand ce composé du plomb forme la base de la peinture.

Il montre ensuite quelques exemples typiques des lésions graves provoquées par l'intoxication saturnine et les infirmités qu'elles entraînent.

Le film reproduit enfin les principales expériences par lesquelles l'orateur a définitivement établi qu'au point de vue technique la céruse pouvait sans aucun inconvénient, et souvent même avec les plus grands avantages, être remplacée dans tous les travaux de peinture par des succédanés inoffensifs.

ACHEVÉ D'IMPRIMER
LE X AVRIL MCMXXIII
A L'IMPRIMERIE DESHAYES
83, RUE DE LA SANTÉ
PARIS